Low Carb Rezepte für die Heißluftfritteuse

Das Kochbuch für Mittagessen Abendessen Desserts

Abnehmen - schlank werden - fettarme Diät - wenig Kohlenhydrate

Yvonne Neumann

Bibliografische Information der Deutschen Nationalbibliothek:
Die Deutsche Nationalbibliothek verzeichnet diese Publikation in der
Deutschen Nationalbibliografie; detaillierte bibliografische Daten
sind im Internet über http://dnb.dnb.de abrufbar.

1. Auflage 2017
Cover-Titelbild: © Can Stock Photo / tbralnina
Copyright © 2017 Yvonne Neumann

Herstellung und Verlag: BoD – Books on Demand, Norderstedt
ISBN 9783744875554

Inhaltsverzeichnis

VORWORT

Abnehmen auf die gesunde Art!

Gerichte mit der Heißluftfritteuse sind genau das Richtige, wenn man sich gesundheitsbewusst ernähren möchte. Denn sie werden mit zirkulierender, heißer Luft und fast fettfrei zubereitet. Low Carb Zutaten sorgen zusätzlich für eine schlanke Linie und für ein Minimum an Kohlenhydraten.

Genießen Sie leckere Pommes, köstliche Hauptgerichte und leichte Desserts mit dem multifunktionalen Küchenhelfer.

Die Rezepte in diesem Kochbuch sind alltagstauglich und enthalten detaillierte Angaben zu Kohlenhydraten und Kalorien.

Jedes Rezept wurde für eine Person konzipiert, damit der Anteil an Kohlenhydraten pro Portion sofort ersichtlich ist. Die Zutaten können aber je nach Wunsch einfach verdoppelt oder vervierfacht werden.

Hinweis:
Jede Art von Diät sollte vorher mit einem Arzt besprochen werden.

Low Carb Mittagessen Rezepte:

Mozzarella-Hackbällchen

Pro Portion ca.: 3,2 g Kohlenhydrate, 429 kcal

Zutaten für 1 Portion:
¼ Bund Basilikum
½ Knoblauchzehe
½ Schalotte
100 g Hackfleisch
1 kleines Ei
Salz, Pfeffer aus der Mühle
20 g Mozzarella

Zubereitung:
Die Heißluftfritteuse auf 200 °C vorheizen.

Basilikum waschen, trocken tupfen, Basilikumblättchen abzupfen, fein hacken und 1 TL beiseitelegen.

Knoblauchzehe und Schalotte schälen, fein würfeln und mit dem Hackfleisch verrühren.

Ei und Basilikum unterrühren und mit Salz und Pfeffer würzen.

Aus der Masse mit feuchten Händen Bällchen formen. Mozzarella klein würfeln und in die Mitte der Hackbällchen drücken.

Ca. 10 Minuten in der Heißluftfritteuse braten, bis sie gar sind.

Nach der Hälfte der Zeit einmal wenden.

Mit dem restlichen Basilikum bestreut servieren.

Exotischer Putenspieß

Pro Portion ca.: 11 g Kohlenhydrate, 205 kcal

Zutaten für 1 Portion:
50 g Putenbrust
½ rote Chilischote
1 TL Koriandersaat
1 TL Paprikapulver, edelsüß
Salz, Pfeffer aus der Mühle
1 EL Olivenöl
¼ Limette
¼ Papaya
¼ rote Zwiebel

Zubereitung:
Die Heißluftfritteuse auf 180 °C vorheizen.

Das Putenfleisch waschen, trocken tupfen und in ca. 3x3 cm große Würfel schneiden.

Die Chilischote waschen, putzen und in feine Ringe schneiden.

Koriandersaat mit einem Mörser zerstoßen und mit Paprikapulver, Salz, Pfeffer, Olivenöl und Limettensaft verrühren.

Die Chilischotenringe unterrühren.

Mit den Putenwürfeln vermischen und ca. 1 Stunde marinieren lassen.

Die Papaya waschen, entkernen und in Stücke schneiden. Die Zwiebel schälen und in Spalten schneiden.

Abwechselnd Fleisch, Papaya und Zwiebeln auf Spieße stecken.

Ca. 15 Minuten in der Heißluftfritteuse braten.

Bärlauch-Champignon

Pro Portion ca.: 2 g Kohlenhydrate, 83 kcal

Zutaten für 1 Portion:
1 großer Champignon
Salz, Pfeffer aus der Mühle
20 g Fenchel
15 g Schinken, gekocht
¼ Bund Bärlauch
20 g Frischkäse
2 TL Gouda, gerieben

Zubereitung:
Die Heißluftfritteuse auf 200 °C vorheizen.

Den Champignon putzen, den Stiel entfernen, den Kopf etwas aushöhlen und innen mit Salz und Pfeffer würzen.

Den Fenchel waschen, putzen und fein würfeln. Den Schinken klein würfeln.

Den Bärlauch waschen, trocken tupfen und fein hacken.

Den Frischkäse mit dem Fenchel, dem Schinken, dem Bärlauch und dem gehackten Champignonstiel vermischen.

Mit Salz und Pfeffer würzen und in den Champignonkopf füllen.

Mit dem Gouda bestreuen und ca. 10 Minuten in der Heißluftfritteuse überbacken.

Zucchini Prosciutto

Pro Portion ca.: 5 g Kohlenhydrate, 248 kcal

Zutaten für 1 Portion:
½ Zucchini
50 g gekochter Schinken
60 g Mozzarella
125 g Pizzatomaten, ohne Zuckerzusatz
1 TL Oregano
Knoblauchsalz, Pfeffer aus der Mühle
¼ Bund Basilikum

Zubereitung:
Die Heißluftfritteuse auf 180 °C vorheizen.

Die Zucchini waschen, das Ende entfernen und in drei gleich große Stücke schneiden. Den gekochten Schinken fein hacken. Mozzarella abtropfen lassen und in schmale Scheiben schneiden.

Jeweils Pizzatomaten, Schinken und eine Mozzarellascheibe auf den Zucchinischeiben verteilen. Mit Oregano, Knoblauchsalz und Pfeffer würzen.

Basilikum waschen, trocken tupfen, Basilikumblättchen abzupfen, die Hälfte in schmale Streifen schneiden und darüberstreuen.

Ca. 20 Minuten in der Heißluftfritteuse überbacken.

Mit den restlichen Basilikumblättchen bestreut servieren.

Fischfrikadellen mit Meerrettich-Quark

Pro Portion ca.: 5,4 g Kohlenhydrate, 231 kcal

Zutaten für 1 Portion:
für die Fischfrikadellen:
½ Schalotte
¼ Bund Petersilie
120 g Fischfilet (z. B. Kabeljau, Rotbarsch, Seelachs)
1 Spritzer Zitronensaft
½ Eigelb
½ TL Dillspitzen
Knoblauchsalz, Pfeffer aus der Mühle
für den Meerrettich-Quark:
120 g Magerquark
1 EL Milch
1 TL Meerrettich, frisch gerieben
Salz, weißer Pfeffer aus der Mühle

Zubereitung:
Die Heißluftfritteuse auf 180 °C vorheizen.

Die Schalotte schälen und in Würfel schneiden.

Die Petersilie waschen, trocken tupfen, die Blättchen von den Stielen zupfen und fein hacken.

Das Fischfilet waschen, trocken tupfen, in kleine Stücke schneiden und mit einem Spritzer Zitronensaft und den Schalottenwürfeln pürieren.

Eigelb, Dillspitzen und Gewürze unterkneten und aus der Masse flache Frikadellen formen.

Ca. 7 Minuten in der Heißluftfritteuse braten, bis sie gar sind.

Für den Meerrettich-Quark, den Magerquark mit der Milch glatt verrühren. Meerrettich, Salz und Pfeffer unterrühren.

Fischfrikadellen mit dem Meerrettich-Quark anrichten und servieren.

Chicken-Nuggets mit Tomaten-Chilisoße

Pro Portion ca.: 5 g Kohlenhydrate, 483 kcal

Zutaten für 1 Portion:
100 g Hähnchenbrustfilet
½ EL Petersilie, gehackt
1 Ei
Salz, Pfeffer aus der Mühle
50 g Parmesan
etwas Olivenöl zum Ausbacken
½ Knoblauchzehe
½ EL Olivenöl
½ rote Chilischote
100 g Pizzatomaten, ohne Zuckerzusatz
½ TL Paprikapulver, edelsüß

Zubereitung:
Die Heißluftfritteuse auf 180 °C vorheizen.

Das Hähnchenbrustfilet in ca. 3 x 3 cm große Würfel schneiden.

Die Petersilie in einem Teller mit dem Ei verquirlen. Mit Salz und Pfeffer würzen.

Den Parmesan fein reiben.

Die Fleischwürfel zuerst in der Eimasse und dann im Käse wälzen. Den Parmesan fest andrücken.

Ca. 10 Minuten in der Heißluftfritteuse mit etwas Öl backen.

Für die Soße den Knoblauch schälen, sehr fein hacken und in heißem Olivenöl andünsten.

Die Chilischote waschen, putzen, entkernen, in feine Ringe schneiden und dazugeben.

Pizzatomaten und etwas Wasser zufügen, mit Paprikapulver, Salz und Pfeffer abschmecken und ca. 25 Minuten garen lassen.

Chicken-Nuggets mit Tomaten-Chilisoße anrichten und servieren.

Apfel-Kaiserschmarrn

Pro Portion ca.: 14 g Kohlenhydrate, 243 kcal

Zutaten für 1 Portion:
für den Teig:
1 Ei
1 EL Kokosmehl
1 EL Mandelmehl
½ EL Johannisbrotkernmehl
1 EL Xucker light
Mark einer ½ Vanilleschote
etwas Milch
außerdem:
1 kleiner Apfel
etwas Butter
etwas Puder Xucker zum Bestreuen

Zubereitung:
Eiweiß und Eigelb voneinander trennen. Eiweiß zu Eischnee schlagen.

Eigelb und die restlichen Teigzutaten (außer Eischnee) dazugeben und verrühren.

Den Eischnee vorsichtig unterheben.

Den Apfel waschen, schälen, entkernen, sehr fein schneiden und unter den Teig rühren.

Butter in die Form geben, den Teig in die Backform der Heißluftfritteuse füllen und bei 180 °C für ca. 13 Minuten backen.

Den Kaiserschmarrn mit 2 Gabeln in kleinere Stücke reißen, auf einem Teller anrichten und mit Puder Xucker bestreut servieren.

Petersilienwurzel-Pommes mit Sour Cream

Pro Portion ca.: 18 g Kohlenhydrate, 402 kcal

Zutaten für 1 Portion:
200 g Petersilienwurzeln
2 TL Rapsöl
1 Prise Cayennepfeffer
60 g Schmand
40 g Magerquark
35 g saure Sahne
¼ Bund Petersilie, gehackt
Knoblauchsalz, Pfeffer frisch gemahlen
grobes Meersalz

Zubereitung:
Die Heißluftfritteuse auf 180 °C vorheizen.

Die Petersilienwurzeln schälen, waschen, trocken tupfen und in ca. 1,5 cm breite Stäbchen schneiden.

Öl und Cayennepfeffer verrühren, mit den Petersilienwurzelstäbchen vermischen.

Ca. 20 Minuten in der Heißluftfritteuse backen, bis sie weich sind.

Nach der Hälfte der Zeit einmal wenden.

Inzwischen Schmand, Magerquark und saure Sahne verrühren.

Die Petersilie unterrühren und mit Knoblauchsalz und Pfeffer abschmecken.

Die Petersilienwurzel-Pommes mit Meersalz bestreuen und mit der Sour Cream servieren.

Paprika gefüllt mit Tomaten und Hüttenkäse

Pro Portion ca.: 11 g Kohlenhydrate, 228 kcal

Zutaten für 1 Portion:
1 Paprikaschote
2 getrocknete Tomaten
150 g Hüttenkäse
1 Prise Oregano
Kräutersalz, Pfeffer aus der Mühle
¼ Bund Schnittlauch
1 EL Parmesan, gerieben

Zubereitung:
Die Heißluftfritteuse auf 200 °C vorheizen.

Von der Paprikaschote den "Deckel" abschneiden, entkernen, Trennwände entfernen, waschen und trocken tupfen.

Die getrockneten Tomaten klein schneiden und mit dem Hüttenkäse und den Gewürzen verrühren.

Den Schnittlauch waschen, trocken schütteln, fein hacken (1 TL beiseitelegen) und unterrühren.

Die Masse in die Paprika füllen und den Parmesan darüberstreuen.

Ca. 10 Minuten in der Heißluftfritteuse überbacken.

Mit dem restlichen Schnittlauch bestreut servieren.

Orientalische Spargelpäckchen

Pro Portion ca.: 19 g Kohlenhydrate, 138 kcal

Zutaten für 1 Portion:
300 g weißer Spargel
½ rote Paprikaschote
½ Orange
Kokosöl
Salz, weißer Pfeffer aus der Mühle
1 Prise Zimt
½ Vanilleschote

Zubereitung:
Die Heißluftfritteuse auf 200 °C vorheizen.

Den Spargel waschen, von oben nach unten schälen und die holzigen Enden abschneiden.

Die Paprikaschote putzen, waschen und in Streifen schneiden.

Die Orange schälen und filetieren.

Den Spargel auf ein Stück Alufolie legen, etwas Kokosöl darüber verteilen und mit Salz und Pfeffer bestreuen.

Paprikastreifen, Orangen, Zimt und das Mark der Vanilleschote darüber verteilen und die Päckchen verschließen.

Ca. 20 - 25 Minuten in der Heißluftfritteuse garen.

Gemüseröstis mit Avocadocreme

Pro Portion ca.: 29 g Kohlenhydrate, 677 kcal

Zutaten für 1 Portion:
¼ Schalotte
50 g Topinambur
½ Möhre
100 g Zucchini
1 Ei
10 g Emmentaler, gerieben
Salz, Pfeffer aus der Mühle
1 kleine Tomate
1 Avocado
2 EL Limettensaft
175 g Joghurt
1 EL Olivenöl

Zubereitung:
Die Heißluftfritteuse auf 180 °C vorheizen.

Die Schalotte schälen und fein hacken.

Topinambur und die Möhre waschen, putzen und schälen. Zucchini waschen und putzen. Das Gemüse grob reiben und mit den Schalottenwürfeln, dem Ei und dem Käse verrühren.

Mit Salz und Pfeffer würzen und zu flachen Röstis formen.

Ca. 12 Minuten in der Heißluftfritteuse (einzeln im Korb) braten. Nach der Hälfte der Zeit einmal wenden.

Für die Creme die Tomate häuten, entkernen und in grobe Stücke schneiden.

Die Avocado entkernen und das Fruchtfleisch herauslösen. Zusammen mit dem Limettensaft, Joghurt, Olivenöl und den Tomatenstücken fein pürieren. Mit Salz und Pfeffer abschmecken.

Gemüseröstis mit der Avocadocreme anrichten und servieren.

Low Carb Abendessen Rezepte:

Kohlrabi Cordon bleu

Pro Portion ca.: 9 g Kohlenhydrate, 457 kcal

Zutaten für 1 Portion:
1 kleiner Kohlrabi
Salz
50 g Raclettekäse, in Scheiben
2 Scheiben Schinken, gekocht
1 Ei
25 g Mandeln, gemahlen
Pfeffer aus der Mühle
etwas Rapsöl

Zubereitung:
Kohlrabi waschen, schälen, in ca. 8 mm dicke Scheiben schneiden und in Salzwasser ein paar Minuten garen und abkühlen lassen.

Käse und Schinken zwischen jeweils zwei Kohlrabischeiben legen.

Das Ei verquirlen und die Mandeln mit Salz und Pfeffer vermischen.

Kohlrabischeiben durch das Ei ziehen, in der Mandelmischung wenden und gut andrücken. Mit etwas Öl beträufeln.

In den Korb legen und in der Heißluftfritteuse bei 190 °C für ca. 10 - 15 Minuten backen.

Low Carb Lasagne

Pro Portion ca.: 5 g Kohlenhydrate, 681 kcal

Zutaten für 1 Portion:
¼ Zucchini
¼ Aubergine
Salz
¼ Knoblauchzehe
½ Schalotte
1 EL Olivenöl
80 g Hackfleisch
70 g Pizzatomaten, ohne Zuckerzusatz
Pfeffer aus der Mühle
1 EL Olivenöl
50 g Emmentaler, gerieben
1 Prise Oregano
1 Prise Thymian

Zubereitung:
Die Zucchini und die Aubergine waschen, putzen und in Scheiben schneiden. Mit Salz bestreuen und ca. 15 Minuten ziehen lassen.

Knoblauchzehe und Schalotte schälen, fein würfeln und in heißem Öl andünsten. Hackfleisch unterrühren und anbraten. Pizzatomaten zufügen, mit Salz und Pfeffer würzen und ein paar Minuten köcheln lassen.

Auberginen- und Zucchinischeiben mit Küchenpapier trocken tupfen und in heißem Öl anbraten. Mit Salz und Pfeffer würzen.

Die Backform fetten und nacheinander eine Schicht Zucchini, Hackfleischmischung und Auberginen hineingeben, bis alles aufgebraucht ist.

Die letzte Schicht sollte Hackfleischmischung sein und mit Emmentaler und den Gewürzen bestreut werden.

Bei 180 °C ca. 30 Minuten in der Heißluftfritteuse backen.

Brokkoliauflauf mit Putenschinken

Pro Portion ca.: 9 g Kohlenhydrate, 470 kcal

Zutaten für 1 Portion:
150 g Brokkoli
¼ Knoblauchzehe
½ Schalotte
1 EL Rapsöl
40 g Putenschinken, in Scheiben
2 kleine Tomaten
1 Ei
40 g Crème fraîche
25 g Schlagsahne
Salz, Pfeffer aus der Mühle
1 Prise Muskat
25 g Parmesan, gerieben

Zubereitung:
Brokkoli putzen, waschen und in kleine Röschen teilen.

Knoblauchzehe und Schalotte schälen, fein würfeln und in heißem Öl andünsten. Brokkoli und etwas Wasser dazugeben und kurz dünsten.

Putenschinken in kleine Stücke schneiden. Die Tomaten häuten, den Strunk entfernen, klein schneiden und zusammen mit der Brokkolimischung verrühren und in die Auflaufform geben.

Ei, Crème fraîche und Schlagsahne verrühren. Mit Salz, Pfeffer und Muskat würzen. Eiersahne über die Gemüsemischung gießen. Parmesan darüber verteilen und in der Heißluftfritteuse bei 175 °C ca. 25 - 30 Minuten backen.

Blumenkohl-Frittata mit Speck

Pro Portion ca.: 9 g Kohlenhydrate, 526 kcal

Zutaten für 1 Portion:
250 g Blumenkohl
3 Stiele Petersilie
½ Frühlingszwiebel
30 g Speck, geräuchert, durchwachsen
1 EL Rapsöl
50 g Kirschtomaten
1 Prise Muskatnuss
Salz, Pfeffer aus der Mühle
2 Eier

Zubereitung:
Blumenkohl putzen, in Röschen zerlegen und gründlich waschen.

Die Petersilie waschen, trocken tupfen und die Blättchen fein hacken.

Die Frühlingszwiebel putzen, waschen und fein schneiden.

Speck in Würfel schneiden und in heißem Öl auslassen.
Frühlingszwiebeln unterrühren und kurz anschwitzen. Blumenkohl
dazugeben und unter Wenden anbraten.

Die Kirschtomaten waschen, halbieren, zufügen und ein paar Minuten
braten. Mit frisch geriebener Muskatnuss, Salz und Pfeffer würzen.

Eier verquirlen, die Gemüsemasse unterrühren, in die Backform
füllen und ca. 10 Minuten bei 175 °C in der Heißluftfritteuse garen,
bis die Masse fest ist.

Die Blumenkohl-Frittata in Stücke schneiden und mit Petersilie bestreut servieren.

Hähnchenkeule in Curry-Senf-Marinade und Tomaten-Basilikum-Dip

Pro Portion ca.: 7 g Kohlenhydrate, 803 kcal

Zutaten für 1 Portion:
1,5 EL Senf, mittelscharf
1 EL Currypulver
1 Spritzer Limettensaft
1 Msp. Chiliflocken
Salz, Pfeffer aus der Mühle
1 Hähnchenkeule
Für den Dip:
30 g Sonnenblumenkerne
40 g Tomaten
1 TL Basilikum, gehackt
20 ml Olivenöl
Cayennepfeffer
Knoblauchsalz
1 Prise Paprikapulver

Zubereitung:
Die Heißluftfritteuse auf 180 °C vorheizen.

Den Senf mit dem Currypulver, dem Limettensaft, den Chiliflocken und den Gewürzen vermischen.

Die Hähnchenkeule waschen, trocken tupfen, mit der Marinade bestreichen und ca. 2 Stunden ruhen lassen.

Die Hähnchenkeule in den Korb geben und ca. 10 Minuten in der Heißluftfritteuse braten, bis sie knusprig braun ist.

Für den Dip die Sonnenblumenkerne 1 Stunde in Wasser einweichen. Die Tomaten waschen und den Strunk entfernen.

Die Tomaten in einen Mixer geben und gemeinsam mit den Sonnenblumenkernen (ohne Wasser), dem Basilikum und dem Olivenöl fein pürieren.

Mit den Gewürzen abschmecken.

Curry-Senf-Hähnchenkeule mit dem Tomaten-Basilikum-Dip anrichten und servieren.

Thunfisch-Burger

Pro Portion ca.: 5 g Kohlenhydrate, 296 kcal

Zutaten für 1 Portion:
8 g Flohsamenschalen
½ EL Goldleinsamenmehl
1 TL Leinsamen
½ TL Backpulver
1 Prise Brotgewürz
40 g Frischkäse
1 Ei
40 g Thunfisch-Filets, im eigenen Saft
30 g Schmand
½ TL Zitronensaft
3 Stängel Schnittlauch
Salz, Pfeffer aus der Mühle
1 kleine Tomate
30 g Salatgurke
2 Salatblätter

Zubereitung:
Flohsamenschalen, Goldleinsamenmehl, Leinsamen, Backpulver und Brotgewürz verrühren.

Frischkäse und Ei in einer separaten Schüssel verrühren und anschließend mit der Mehlmischung zu einem gleichmäßigen Teig verarbeiten.

Aus dem Teig ein rundes Brötchen formen und für ca. 20 Minuten bei 175 °C in der Heißluftfritteuse backen.

Den Thunfisch abtropfen lassen. Mit Schmand und Zitronensaft im Mixer pürieren. Schnittlauch waschen, fein hacken und unterrühren. Mit Salz und Pfeffer würzen.

Die Tomate waschen und in Scheiben schneiden. Die Gurke waschen und in Scheiben schneiden. Die Salatblätter waschen und trocken schütteln.

Das Brötchen horizontal halbieren und die untere Hälfte mit der Thunfischcreme bestreichen. Mit Salatblättern, Gurke und Tomate belegen. Die restliche Thunfischcreme auf der oberen Brötchenhälfte verteilen und daraufsetzen.

Kürbis-Speck-Flammkuchen

Pro Portion ca.: 9,4 g Kohlenhydrate, 732 kcal

Zutaten für 1 Portion:
70 g Goldleinsamenmehl
30 g Emmentaler, gerieben
1 Ei
etwas Salz
50 g Feta
½ EL Milch
100 g Kürbis
½ Schalotte
20 g Speck, gewürfelt
3 Stängel Petersilie

Zubereitung:
Goldleinsamenmehl, Käse, Ei und Salz zu einem geschmeidigen Teig verkneten und ca. 5 Minuten ruhen lassen.

Den Teig auf ein Stück Backpapier dünn ausrollen.

Feta mit der Milch verrühren und gleichmäßig auf dem Teig verstreichen.

Den Kürbis schälen, entkernen und das Fruchtfleisch in dünne Scheiben hobeln. Die Schalotte schälen und fein schneiden.

Schalotte, Kürbis und Speck auf dem Flammkuchen verteilen.

Den Flammkuchen auf Backpapier im Gittereinsatz der Heißluftfritteuse bei 180 °C für ca. 12 Minuten backen.

Die Petersilie waschen, trocken tupfen, die Blättchen von den Stielen zupfen und fein hacken.

Kürbis-Speck-Flammkuchen mit Petersilie bestreut servieren.

Überbackene Aubergine

Pro Portion ca.: 7,8 g Kohlenhydrate, 368 kcal

Zutaten für 1 Portion:
1 Tomate
50 g Mozzarella
½ Aubergine
Salz
1 EL Öl
35 g Tiefkühl-Spinat, aufgetaut
20 g Pecorino, gerieben
¼ Bund Petersilie

Zubereitung:
Die Tomate waschen, den Strunk entfernen und klein hacken.

Den Mozzarella in Scheiben schneiden.

Die Aubergine waschen, putzen und der Länge nach in ca. 15 mm dicke Scheiben schneiden.

Auberginen mit Salz bestreuen und in heißem Öl auf beiden Seiten anbraten.

In die Backform legen und mit dem gehackten Spinat und den Tomaten belegen. Mit Pecorino bestreuen und mit Mozzarellascheiben belegen.

In der Heißluftfritteuse bei 160 °C überbacken, bis der Käse geschmolzen ist.

Die Petersilie waschen, trocken tupfen, die Blättchen von den Stielen zupfen und fein hacken.

Überbackene Aubergine mit Petersilie bestreut servieren.

Bunter Gemüseauflauf

Pro Portion ca.: 13 g Kohlenhydrate, 555 kcal

Zutaten für 1 Portion:
¼ Kohlrabi
¼ Zucchini
½ Möhre
1 EL Kokosöl
25 g Pizzatomaten, ohne Zuckerzusatz
½ EL Tomatenmark
Salz, Pfeffer aus der Mühle
110 ml Kokosmilch
1 Ei
¼ TL Basilikum
1 Prise Muskat
25 g Gouda, gerieben

Zubereitung:
Das Gemüse waschen, putzen, Kohlrabi und Möhre schälen und klein schneiden.

Das Kokosöl erhitzen, Gemüse dazugeben und andünsten.

Pizzatomaten und Tomatenmark unterrühren, kurz aufkochen, mit Salz und Pfeffer würzen und in die Auflaufform der Heißluftfritteuse füllen.

Kokosmilch, Ei, Basilikum und Muskat verquirlen, mit Salz und Pfeffer würzen und auf der Gemüsemischung verteilen.

Den Käse darüberstreuen und in der Heißluftfritteuse bei 175 °C für ca. 25-30 Minuten backen.

Topinambur-Gratin

Pro Portion ca.: 19 g Kohlenhydrate, 583 kcal

Zutaten für 1 Portion:
200 g Topinambur
2 Frühlingszwiebeln
¼ Kohlrabi
1 Thymianzweig
100 g Schlagsahne
1 Eigelb
40 g Gorgonzola
Muskatnuss, frisch gerieben
Salz, Pfeffer aus der Mühle

Zubereitung:
Die Heißluftfritteuse auf 200 °C vorheizen.

Topinambur waschen, schälen, in Salzwasser ca. 15 Minuten garen und in Scheiben schneiden.

Frühlingszwiebeln waschen, putzen und in Ringe schneiden.

Kohlrabi waschen, schälen und in dünne Scheiben schneiden.

Thymian waschen, die Blättchen von den Stielen zupfen und hacken.

Das Gemüse in eine feuerfeste, gefettete Quicheform schichten.

Schlagsahne, Thymian, Eigelb und 25 g Gorgonzola verrühren, mit Muskat, Salz und Pfeffer würzen und über das Gemüse gießen.

Den restlichen Käse darüber verteilen.

Die Quicheform in den Garkorb stellen, den Korb in die
Heißluftfritteuse schieben und ca. 15 - 18 Minuten goldbraun backen.

Feurige Spitzpaprika gefüllt mit Schafskäse

Pro Portion ca.: 23 g Kohlenhydrate, 613 kcal

Zutaten für 1 Portion:
3 rote Spitzpaprika
¼ Bund Basilikum
100 g Schafskäse
60 g Schmand
½ Knoblauchzehe
1 Schalotte
Salz, Cayennepfeffer
1 Msp. Chiliflocken

Zubereitung:
Den "Deckel" der Spitzpaprika abschneiden und die Trennwände und Kerne entfernen.

Die Schoten waschen und trocken tupfen.

Basilikumblätter abzupfen, waschen, trocken schleudern und klein schneiden.

Den Schafskäse mit dem Schmand cremig verrühren.

Die Knoblauchzehe und die Schalotte schälen, fein hacken und mit der Käsemasse verrühren.

Mit Salz, Cayennepfeffer und Chiliflocken abschmecken und das Basilikum unterrühren.

Die Masse in die Spitzpaprikas füllen und nebeneinander in den Korb geben.

Den Korb in die Heißluftfritteuse schieben und ca. 10 Minuten bei 200 °C backen.

Low Carb Desserts Rezepte:

Himbeer-Pancakes

Pro Portion ca.: 5 g Kohlenhydrate, 140 kcal

Zutaten für 1 Portion:
für den Teig:
1 Eiweiß
1 Eigelb
1 EL Kokosmehl
1 EL Mandelmehl
5 g Johannisbrotkernmehl
8 g Xucker light
Mark einer Vanilleschote
etwas Milch
außerdem:
30 g Himbeeren
Butter für die Form
2 TL Puder Xucker zum Bestreuen

Zubereitung:
Eiweiß zu Eischnee schlagen.

Eigelb und die restlichen Teigzutaten (ohne Eischnee) verrühren.

Den Eischnee vorsichtig unterheben.

Die Himbeeren vorsichtig waschen, abtropfen lassen und unter den Teig heben.

Die Form der Heißluftfritteuse einfetten, portionsweise mit dem Teig füllen und bei ca. 180 °C für 10 Minuten backen.

Die Himbeer-Pancakes mit Puder Xucker bestreut servieren.

Glasierte Erdbeerkrapfen

Pro Portion ca.:   11 g Kohlenhydrate, 387 kcal

Zutaten für 2 - 3 Krapfen:
für den Teig:
12 g Kokosmehl
1 TL Backpulver
2 TL Flohsamenschalen
30 g Eiweißpulver Erdbeere
½ EL Xucker light
120 g Quark
1 Ei
etwas Milch
außerdem:
35 g Erdbeeren
1 EL Xucker light
40 g Puder Xucker
1 EL Zitronensaft

Zubereitung:
Kokosmehl mit dem Backpulver vermischen.

Die restlichen Teigzutaten unterrühren und den Teig ca. 10 Minuten ruhen lassen.

Den Teig zu runden Krapfen formen, in die Backform der Heißluftfritteuse legen, sodass sie sich nicht berühren.

Bei ca. 175 °C ca. 10 Minuten backen.

Nach der Hälfte der Zeit einmal wenden.

Erdbeeren waschen, putzen mit Xucker light erwärmen und pürieren, durch ein Sieb passieren, abkühlen lassen und mithilfe einer Marmeladenspritze in die Krapfen spritzen.

Für die Glasur Puder Xucker mit dem Zitronensaft glatt rühren, die Oberfläche der Krapfen damit glasieren. Leicht antrocknen lassen und servieren.

Mini-Cheesecake aus der Tasse

Pro Portion ca.:   2,8 g Kohlenhydrate, 219 kcal

Zutaten für 1 Portion:
60 g Frischkäse
1 Ei
2 EL saure Sahne
½ TL Zitronensaft
¼ TL abgeriebene Zitronenschale (unbehandelt)
Mark von 1 Vanilleschote
½ EL Mandelstifte
15 g Xucker light
außerdem:
½ TL Puder Xucker

Zubereitung:
Frischkäse und Ei cremig verrühren. Die restlichen Zutaten
unterrühren.

Die Masse in eine gefettete, ofenfeste Tasse oder Muffinform füllen.

Bei 170 °C ca. 20 - 25 Min. in der Heißluftfritteuse backen.

Mit Puder Xucker bestäuben und servieren.

Disclaimer

Die Inhalte dieses Buches wurden mit größter Sorgfalt erstellt. Eine Haftung für Personen-, Sach- und Vermögensschäden ist ausgeschlossen. Für die Richtigkeit, Vollständigkeit und Aktualität der Inhalte können wir jedoch keine Gewähr übernehmen. Dieses Buch enthält Links zu externen Webseiten Dritter, auf deren Inhalte wir keinen Einfluss haben. Deshalb können wir für diese fremden Inhalte auch keine Gewähr übernehmen. Für die Inhalte der verlinkten Seiten ist stets der jeweilige Anbieter oder Betreiber der Seiten verantwortlich. Die verlinkten Seiten wurden zum Zeitpunkt der Verlinkung auf mögliche Rechtsverstöße überprüft. Rechtswidrige Inhalte waren zum Zeitpunkt der Verlinkung nicht erkennbar. Eine permanente inhaltliche Kontrolle der verlinkten Seiten ist jedoch ohne konkrete Anhaltspunkte einer Rechtsverletzung nicht zumutbar. Bei Bekanntwerden von Rechtsverletzungen werden wir derartige Links umgehend entfernen.

Urheberrecht/Leistungsschutzrecht

Die veröffentlichten Inhalte, Werke und bereitgestellten Informationen unterliegen dem deutschen Urheberrecht und Leistungsschutzrecht. Jede Art der Vervielfältigung, Bearbeitung, Verbreitung, Einspeicherung und jede Art der Verwertung außerhalb der Grenzen des Urheberrechts bedarf der vorherigen schriftlichen Zustimmung des jeweiligen Rechteinhabers. Das unerlaubte Kopieren/Speichern der bereitgestellten Informationen auf diesen Seiten ist nicht gestattet und strafbar.